AF557935

GRANAT
APFEL

Jacqueline Voßmann

GRANAT APFEL

Kleine Kerne, großer Geschmack –
Rezepte von früh bis spät

dich genie[t] Freund[l]

Inhalt

Laß dich genießen,
Freundliche Frucht!
Laß mich vergessen
Alle den Harm!
Wieder mich wähnen
Droben in Jugend,
In der vertaumelten
Lieblichen Zeit,
In den umduftenden
Himmlischen Blüten,
In den Gerüchen
Seliger Wonne,
Die der Entzückten,
Der Schmachtenden ward!

Johann Wolfgang Goethe, 1778

Der Granatapfel zu Gast

Eine Einleitung

Der Granatapfel erfreut sich einer ausgeprägten Kultivierung im östlichen Raum in Regionen von der Türkei bis hin in den Iran. Dabei zählt er neben Olive, Dattel und Feige zu einer der ältesten kultivierten Obstarten – die Frucht wurde zum Beispiel in Persien schon 3000 v. Chr. angebaut. In den passenden Klimasituationen, also lange, warme Sommer und genug Regen, können Granatapfelbäume über zehn Meter groß wachsen. Abseits kalter, langer Winter fühlt sich der Granatapfelbaum in warmen, tropischen bis subtropischen Zonen wohl. Von anfänglichen Anbaugebieten wie dem Iran, Afghanistan und Aserbaidschan breitete sich der Anbau schnell in Richtung Indien und China, später auch Spanien, Türkei und Marokko aus. Heutzutage wird er auch in Teilen der USA angebaut. Der weltweit größte Anbau von Granatäpfeln findet aktuell in Indien statt.

In der Blütezeit wachsen trichterförmige Blüten, zuerst frisches Grün, später saftiges Rot, hinter denen sich die Frucht bildet. Die reife Frucht ist dunkelrot bis pink – ihre Fruchtschale fest und lederig. Im Inneren befinden sich viele kleine Kammern, die durch dünne Membranen unterteilt sind und in denen sich die kleinen, ein bis zwei Zentimeter großen Kerne befinden.

Ähnlich wie beim Apfel sorgen bei der wilden, natürlichen Art des Granatapfels Wildtiere für die Verteilung der Samen in Gebiete, auf die der Granatapfelbaum keinen Einfluss hat. Durch den Aufbau der Frucht, nämlich den vielen Granatapfelkernen im Inneren, hat diese allerdings noch einen weiteren Vorteil in der Verbreitung von Samen:

Sobald der Granatapfel aufgrund von Trockenheit aufbricht oder am Boden zerschellt, verteilen sich die vielen kleinen Samen weiträumig. Die Verbreitung wird schlussendlich durch Wind und Regen begünstigt.

Die Vorteile des Granatapfels wurden schon früh erkannt. Durch die lange Haltbarkeit konnte dieser schon in der Bronzezeit über Schiffwege in die Welt getragen werden, wodurch zusätzliche Anbaugebiete in China und Indien erschlossen wurden. Wanderer erfreuten sich ebenfalls an der langen Haltbarkeit, da sich die Granatäpfel somit hervorragend als Mahlzeit für unterwegs eigneten, ohne die Stärkung vorzugaren oder haltbar machen zu müssen.

Durch die hohe Verbreitung des Granatapfels ist dieser ein fester Bestandteil in der Mythologie verschiedenster Kulturen. Grund dafür mögen die verschiedenen Merkmale der Frucht sein: So besteht der Granatapfel aus vielen kleinen, geometrisch angeordneten Kernen, fällt auf durch seine tiefrote Farbe und schließt seine äußere, runde Form mit einem kronenförmigen Schaft ab. Es entwickeln sich Symbole, die in starker Verbindung zur Beschaffenheit der Frucht stehen.

Von Zoroastriern wurde der Granatapfelbaum für die Durchführung verschiedener Rituale in jeder Tempelanlage gepflanzt. Griechen verbinden mit der Frucht die gefestigte Ehe und sehen in dem Granatapfel das Symbol der Schönheit, Fruchtbarkeit und Liebe. Mythen im persischen Raum beschreiben die Folge des Verzehrs des Granatapfels als Mittel zur Unbesiegbarkeit und Unsterblichkeit. Juden bringen die Anzahl der Granatapfelkerne in Verbindung mit der gleichen Anzahl (613) an Gesetzen in der Tora. Die gesegnete Frucht findet als eine von drei auch im Buddhismus Raum. Im chinesischen Raum steht das Symbol des Granatapfels, beispielsweise als Verzierung auf Keramik, als Zeichen für Reichtum, Fruchtbarkeit und gesunde, leidenschaftliche Kinder in großer Anzahl. Im Islam verbindet man die Frucht mit dem Paradies.

Aufgrund der griechischen Mythologie, in der der Granatapfel ein Zeichen der Verführung und die Frucht der Toten ist, wird der Granatapfel auch in der Literatur gern als Symbol verwendet. So bringt Johann Wolfgang Goethe in seinem Monodrama *Proserpina* aus 1778 den Granatapfel zum Beispiel als Symbol der Verführung und der Jugend ein.

ergessen

Vom Öffnen des Granatapfels

Verschiedene Öffnungstechniken

Das Kochen und Backen mit dem Granatapfel setzt die achtsame Beschäftigung mit der Frucht als Naturprodukt voraus. Durch seine Form, Beschaffenheit und innere Komplexität benötigt man für die Gewinnung seiner roten Kerne Aufmerksamkeit und Zeit. Dabei sind verschiedene Herangehensweisen möglich, um die saftig-süßen Kerne von der ledrigen Schale zu lösen.

Schaut man sich zuerst die äußerliche Beschaffenheit der Frucht an, lässt den Granatapfel zwischen den Händen gleiten, spürt seine Oberfläche, so ist diese glatt, leicht wachsig und fein lederig. Vielleicht lassen sich an der ein oder anderen Stelle kleine Makel, feine Narben oder Verwachsungen erfühlen, die die Oberfläche des Granatapfels abwechslungsreich gestalten. Am unteren Rand des runden Granatapfels ertastet man eine raue, runde Erhöhung, die den Trennpunkt des Granatapfels von dem Granatapfelbaum abbildet. Gegenüber befindet sich die zum zackigen Kelch gewordene Blütenknospe, die der Fruchtbildung vorausging.

Schneidet man die Granatapfelschale behutsam rechteckig um den Kelch herum ein und zieht daran, so löst sich mit sanfter Kraft die Krone und legt die wabenartig angeordneten Kerne frei. Dabei werden gelblich-weiße Gehäuse sichtbar, in dessen Verlängerung man außen an der Schale erneut dünne Schnitte setzen kann. Mithilfe dieser Schnitte lässt sich der Granatapfel aufbrechen und legt den Blick auf verschiedene Kammern mit den roten, saftigen Fruchtkernen frei. Die Granatpfelkerne können an dieser Stelle vorsichtig mit den Fingern herausgelöst werden. Die Schale kann aufbewahrt und getrocknet werden, um daraus einen Arzneitee zu brühen.

Für die Herauslösung der Kerne empfiehlt es sich, eine große Schale für ein Wasserbad vorzubereiten. Taucht man die Granatapfelstücke dort hinein, verhindert man beim Herauslösen eine rot gesprenkelte Küche. Während die Kerne auf den Grund der Schale gleiten, sammeln sich an der Wasseroberfläche Reste der Fruchtschale und des Gehäuses, welche abgeschöpft werden können. Die Granatapfelkerne können nun abgeschüttet und behutsam trocken getupft werden.

Als Alternative zum Wasserbad ist es möglich, den Granatapfel mittig aufzuschneiden und mithilfe eines Löffels auf die Schale der Frucht zu schlagen, während man eine Hälfte der Frucht in der Hand hält. Die Kerne lösen sich und sammeln sich in der zuvor dafür aufgestellten Schale.

Eine Offenbarung im Inneren

Der Blick auf die Inhaltsstoffe

Unter den Botanikern wird der Granatapfel zu den Panzerbeeren gezählt, wodurch die Frucht zwischen Kürbissen, Gurken und Kakaobeeren eingeordnet wird. Die Besonderheit der Panzerbeeren liegt darin, dass ihre Samen nicht das Zentrum der Frucht bilden, sondern sich an der Innenseite der Schale befinden.

Neben seiner leuchtenden Farbe, vielfältigen Symbolkraft und seinem frischen, süß-säuerlichen Geschmack überzeugt der Granatapfel mit einer Reihe an gesundheitsfördernden Inhaltsstoffen. So enthalten 100 ml Granatapfeldirektsaft 3,4 bis 5,0 g Ballaststoffe, was den Granatapfel als Top-Ballaststoff-Lieferanten unter den Obstsorten zwischen Holunder und Passionsfrucht setzt. Mit diesem großen Anteil an Ballaststoffen unterstützt der Granatapfel bei Verdauungsbeschwerden und löst Verstopfungen. Daneben glänzt der Granatapfel auch durch einen hohen Anteil an Polyphenolen, die antioxidativ, also entzündungshemmend wirken. Diese sorgen für die Abwehr von freien Radikalen, die für die Bildung und Ausbreitung von Krebs-, Nerven- und Lebererkrankungen verantwortlich sind. Zusätzlich helfen die im Granatapfel enthaltenen Polyphenole bei der Senkung und Prävention von Bluthochdruck, bei Herz-Kreislauf-Erkrankungen und wirken gefäßerweiternd. Damit aber noch nicht genug: Auch Vitamin C, B1, B2, Magnesium und Eisen sind in beträchtlichen Mengen im Granatapfel vorzufinden und wirken sich positiv auf die Gesundheit aus.

Natürlich wirkt der Granatapfel mit seinen schützenden und entzündungshemmenden Inhaltsstoffen unterstützend und vorbeugend, aber ersetzt keine fachärztliche Behandlung.

Wieder

mich

wähn

Die Basis des fruchtigen Genusses

Basisrezepte

Granatapfelsaft

Um an den Saft der Granatapfelkerne zu gelangen, die Kerne mithilfe eines Pürierstabs oder eines Mixers klein mixen. Die Flüssigkeit dann durch ein Sieb geben, um einen samtigen Saft zu erhalten. **Pro Granatapfel** ist je nach Größe mit **100–150 ml Saft** zu rechnen.

Granatapfelmelasse

Für ungefähr **300 ml** fruchtig-süße Melasse **1 Liter Granatapfelsaft (Direktsaft)** in einem Topf aufkochen. Sobald der Saft kocht, **150 g Zucker** unterrühren und den **Saft einer Limette** zugeben. Nun auf mittlerer Hitze unter gelegentlichem Rühren einkochen, bis sich die Flüssigkeit auf ein Drittel reduziert hat. Nach kurzem Abkühlen die Flüssigkeit in ein Schraubglas abfüllen und vor dem Verschließen auskühlen lassen. Im Kühlschrank ist die Melasse mehrere Monate haltbar.

Granatapfelessig

Für den Essig den **Saft von zwei Granatäpfeln** nutzen. Diesen in einem Topf aufkochen lassen und mit **500 ml Weißweinessig** und **50 ml Granatapfelmelasse** vermengen. Den Essig sofort in Flaschen abfüllen. Fest verschlossen ist der fruchtige Essig nach 24 Stunden einsatzbereit. Er eignet sich hervorragend zur Verfeinerung von Salatdressings.

Droben
Jugend,
in der
vertaum
Lieblich
Zeit

Früh

elten

en

SCHOKO AUFSTRICH

Für 4 Personen

200 g Haselnusskerne, ganze
80 g Zartbitterschokolade
100 ml Kokosmilch, Vollfett
4 El Ahornsirup
1 Prise Salz
3 El Granatapfelmelasse (S. 19)
1 Granatapfel

Die Haselnüsse auf einem mit Backpapier ausgelegten Backblech für 10 Minuten bei 175 °C Ober-/Unterhitze rösten und leicht abkühlen lassen. Ein sauberes Geschirrtuch auf der Arbeitsfläche ausbreiten, die Haselnüsse auf der einen Hälfte verteilen und die andere Hälfte des Tuchs umschlagen. Zwischen den Geschirrtuchlagen nun die Haselnüsse reiben, um so die Schale der Nüsse zu lösen. Dann die geschälten Nüsse für circa fünf Minuten im Standmixer zu Mus pürieren.

In der Zwischenzeit Schokolade hacken und mit Kokosmilch, Ahornsirup, Salz und Granatapfelmelasse in einem Wasserbad auflösen und vermischen. Die Schokoladenmasse in das Nussmus rieseln lassen und erneut mixen, bis eine homogene Masse entsteht.

Granatapfel entkernen, den Großteil der Kerne unter die Schokoladenmasse heben und mit den restlichen Kernen dekorieren.

Im Kühlschrank ist der Aufstrich circa eine Woche haltbar.

SMOOTHIE BOWL

Den Granatapfel entkernen und 175g der Kerne für diese Bowl nutzen. Den Apfel schälen und in Würfel schneiden. Die Avocado halbieren, Kern herausdrücken und das Fruchtfleisch herauslöffeln. Blaubeeren und Erdbeeren waschen.

Ein paar Blaubeeren, Erdbeeren und Granatapfelkerne für die Dekoration zur Seite stellen. Das restliche Obst und die verbleibenden Zutaten in einen Mixer geben und zu einer glatten Masse mixen, wobei je nach Bedarf etwas Wasser oder Milch (Sorte nach Wahl) hinzugegeben werden kann, falls die Masse zu fest erscheint.

Nun die Smoothiebowl auf zwei Schalen aufteilen und mit Granatapfelkernen, Pistazien und Pashmak dekorieren.

Für 2 Personen

Smoothiebowl

1 Granatapfel
1 Apfel
1 Avocado
75 g Blaubeeren
100 g Erdbeeren
150 g Joghurt
2 Tl Granatapfelmelasse (S.19)
½ El Chiasamen
etwas Milch

Dekoration

Granatapfelkerne
Pistazienkerne
Pashmak

duftende

CHIASAMEN PUDDING

Für 2 Portionen

Pudding

200 ml Kokosdrink
4 El Granatapfelmelasse (S.19)
40 g Chiasamen

Zum Garnieren

Granatapfelkerne
Saisonfrüchte
Nüsse

Den Kokosdrink und die Granatapfelmelasse gut vermischen. Unter Rühren die Chiasamen einrieseln lassen und vermengen, bis diese gut befeuchtet sind. Über Nacht oder für mindestens vier Stunden in den Kühlschrank stellen und mit Granatapfelkernen und anderen Früchten oder Nüssen dekorieren und servieren.

MÖHREN TARTES

Für 20 Tartes

Teig

100 g Haferflocken
50 g Dinkelmehl
1 El Backpulver
1 Tl Zimt
2 Möhren
½ Apfel
30 g Walnüsse
120 ml Milch
1 El Granatapfelmelasse/Ahornsirup

Frosting

1 Granatapfel
100 g Zartbitterschokolade
100 g Frischkäse
2 El Schlagsahne
20 g Puderzucker

Den Backofen auf 200 °C Ober-/Unterhitze vorheizen.

Für den Teig die Haferflocken, das Dinkelmehl, das Backpulver und den Zimt mischen. Nun die Möhren und den Apfel jeweils schälen und fein reiben. Die Walnüsse hacken.

Jetzt den geriebenen Apfel und die geriebene Möhre mit der Milch und der Melasse zu den trockenen Zutaten geben und gut vermischen. Die Walnüsse unterheben.

Auf einem mit Backpapier ausgelegten Backblech und mithilfe eines Esslöffels kleine Taler formen. Die Taler in den vorgeheizten Backofen für 20 Minuten backen, bis sie goldbraun sind. Danach auf einem Rost abkühlen lassen.

In der Zwischenzeit den Granatapfel öffnen und entkernen. Ein Viertel der Granatapfelkerne zum späteren Garnieren zur Seite stellen. Die Zartbitterschokolade in einem Wasserbad zum Schmelzen bringen. Die Oberseite der Küchlein mit der Schokolade bestreichen und die Granatapfelkerne darüberstreuen. Erkalten lassen.

Den Frischkäse, die Sahne und den Puderzucker vermischen. Mithilfe eines Teelöffels das Frosting vorsichtig auf den Küchlein verteilen. Mit den restlichen Granatapfelkernen garnieren und mithilfe einer Gabel flüssige Schokolade über die Küchlein fließen lassen.

RED VELVET PFANNKUCHEN

Für 4 Portionen

Teig

225 g Weizenmehl
2 Tl Backpulver
½ Tl Natron
¼ Tl Zimt
1 Prise Muskat
350 ml Granatapfelsaft (S.19)
Lebensmittelfarbe, rot (nach Wunsch)

Dip

45 g Schokolade, weiß
200 g Griechischer Joghurt
Granatapfelkerne

Zuerst den Dip vorbereiten. Dafür weiße Schokolade erhitzen, bis sie flüssig ist. Dann vorsichtig unter den Joghurt rühren und im Kühlschrank abgedeckt erkalten lassen.

Mehl in eine Rührschüssel sieben. Das Backpulver, Natron und Gewürze untermischen. Den Granatapfelsaft einfließen lassen und gleichzeitig mithilfe eines Rührgeräts alles zu einem Teig verrühren, bis eine homogene Masse entsteht. Zur rosa Färbung etwas rote Lebensmittelfarbe hinzugeben, um rote Pfannkuchen zu erhalten.

In einer Pfanne Butter erhitzen und esslöffelweise Teig einfüllen, um kleine Pfannkuchentaler auszubacken.

Die Pfannkuchen mit dem Dip und Granatapfelkernen dekorieren. Alternativ schmecken die Pfannkuchen auch hervorragend mit Ahornsirup, Zimt und Zucker, sowie Vanilleeis.

GRANOLA

Für 4 Personen

100 g Haferflocken, kernig
100 g Haferflocken, zart
90 g Haselnusskerne
70 g Mandelstifte
30 g Amaranth, gepufft
1 Prise Salz
1 Tl Zimt
120 ml Granatapfelmelasse (S. 19)
30 ml Ahornsirup
75 ml Kokosöl
30 ml Granatapfelsaft (S. 19)

Den Ofen auf 170 °C Ober-/Unterhitze vorheizen.

Die Haferflocken, Haselnusskerne, Mandeln, Amaranth, Salz und Zimt miteinander vermischen. Nun die Granatapfelmelasse mit Ahornsirup, Kokosöl und Granatapfelsaft in einem kleinen Topf erhitzen, bis die Masse homogen und flüssig ist. Nun werden die flüssigen Zutaten zu den festen gegeben und gründlich vermengt, bis die Haferflocken und Nüsse feucht ummantelt sind.

Das feuchte Granola auf einem Backblech ausbreiten und im Ofen insgesamt 30 Minuten rösten. Nach jeweils 10 Minuten wenden und je nach gewünschter Bräunung etwas kürzer oder länger im Ofen lassen.

Nach der Röstung das Blech aus dem Ofen holen und das Granola darauf auskühlen lassen. In einem luftdichten Behälter ist das Granola mindestens 4 Wochen haltbar.

FRISCHES GELEE

Für das **klassische Granatapfelgelee** den Granatapfelsaft mit Zitronensaft in einem Topf mischen. Mit einem Schneebesen unter rühren den Gelierzucker in das Gemisch rieseln und auflösen lassen. Die Flüssigkeit nun erhitzen und bei starker Hitze für 3 Minuten sprudelnd kochen. In saubere Gläser einfüllen, fest verschließen oder nach dem Abkühlen direkt für ein Rezept verwenden.

Für das **Granatapfel-Rosen-Gelee** den Granatapfelsaft mit Rosenwasser und Zitronensaft in einem Topf mischen. Daraufhin die Gewürze hinzugeben und den Gelierzucker unter Rühren einrieseln lassen. Die Mischung bei starker Hitze zum Kochen bringen und sprudelnd 3 Minuten kochen. In saubere Gläser füllen und fest verschließen, dann die Gläser auf den Kopf stellen und erkalten lassen.

Für das **Granatapfel-Schoko-Gelee** Zartbitterschokolade fein raspeln. Den Granatapfelsaft und Zitronensaft mit dem Gelierzucker mischen und erhitzen. Das Gelee sprudelnd für 3 Minuten einkochen. Kurz erkalten lassen und direkt die Schokoraspeln einstreuen und verrühren. In Gläser einfüllen, diese verschließen, umdrehen und das Gelee erkalten lassen.

Für das **Granatapfel-Rosmarin-Gelee** den Zweig Rosmarin waschen und trocken tupfen. Nun Granatapfelsaft und Zitronensaft mit dem Gelierzucker mischen und gemeinsam mit dem Zweig Rosmarin erhitzen und sprudelnd 3 Minuten kochen lassen. Zum Ende der Kochzeit Rosmarinzweig entfernen und durch ein Sieb in Gläser füllen, diese verschließen, auf den Kopf stellen und erkalten lassen.

Für das **Granatapfel-Sekt-Gelee** Granatapfelsaft mit Sekt und Zitronensaft mischen. Den Gelierzucker einrieseln lassen und gut verrühren, dann bei starker Hitze zum Kochen bringen und sprudelnd 3 Minuten kochen lassen. Zum Erkalten in Gläser füllen, fest verschließen und umdrehen.

Für 3 Gläser (à 200 ml)

Granatapfel-Rosen-Gelee
600 ml Granatapfelsaft
4 Tl Rosenwasser
4 El Zitronensaft
¼ Tl Kardamom
¼ Tl Zimt
210 g Gelierzucker 3:1

Granatapfel-Schoko-Gelee
100 g Zartbitterschokolade
600 ml Granatapfelsaft
4 El Zitronensaft
200 g Gelierzucker 3:1

Granatapfel-Romarin-Gelee
1 Zweig Rosmarin, frisch
600 ml Granatapfelsaft
4 El Zitronensaft
200 g Gelierzucker 3:1

Granatapfel-Sekt-Gelee
300 ml Granatapfelsaft
375 ml Sekt (trocken)
3 El Zitronensaft
225 g Gelierzucker 2:1

FRENCH TOAST

Für 4 Portionen

8 Scheiben Weizentoastbrot
50 g Granatapfelgelee
50 g Zucker
½ Tl Zimt
2 Eier
3 El Milch
Öl zum Braten

Zum Garnieren
Vanillejoghurt

Von den Toastscheiben nacheinander die Ränder abschneiden. Mit einem Nudelholz mehrmals über die einzelnen Toastscheiben fahren und diese plätten. Anschließend Granatapfelgelee einseitig dünn auf die Toastscheiben streichen, dabei die Kanten zu einem Zentimeter frei lassen. Mithilfe von Daumen und Zeigefinger werden die einzelnen Scheiben mit dem Gelee innen zu Rollen zusammengerollt.

In der Zwischenzeit Zucker und Zimt mischen, auf einen Teller geben und beiseitestellen.

Öl in einer beschichteten Pfanne erhitzen. Nun die Eier und Milch verquirlen. Die Rollen nacheinander in die Eimasse tauchen, abtropfen und in der Pfanne goldbraun ausbacken. Zwischendurch wenden.

Nach dem Ausbacken direkt in Zimt und Zucker wälzen.

Mit Vanillejoghurt oder -soße servieren und warm genießen.

MUNTER MACHER KEKSE

Ergibt circa 24 Kekse

1 Granatapfel
65 g Haferflocken, zart
130 g Weizenmehl, Typ 550
1 Tl Backpulver
¼ Tl Meersalz, grob
1 Orange, bio
70 g Butter, weich
140 g Zucker, braun
1 Ei
1 Tl Vanille, gemahlen
60 g Schokotropfen, zartbitter

Den Granatapfel entkernen und für dieses Rezept sieben Esslöffel der Granatapfelkerne verwenden.

Die zarten Haferflocken in einem Mixer eine Minute auf höchster Stufe mixen, sodass eine Art Mehl entsteht. Daraufhin in eine Schüssel umfüllen und Weizenmehl, Backpulver und Salz hinzufügen und mischen. Die Orange gründlich mit warmen Wasser abwaschen, abtupfen und die Schale abreiben, die Orange anschließend mittig halbieren und den Saft auspressen.

In einer anderen Schüssel die weiche Butter und den Zucker mit einem Rührgerät auf hoher Stufe gründlich mixen. Das Ei, die Orangenzeste und die gemahlene Vanille hinzugeben, bis eine gleichmäßige Masse entsteht. Nun die gemischten trockenen Zutaten hinzugeben und mit Knethaken zu einem glatten Teig verarbeiten.

Die Schokotropfen und die Granatapfelkerne vorsichtig unterheben, bis diese gleichmäßig verteilt sind. Anschließend den Teig abgedeckt im Kühlschrank für 30 Minuten ruhen lassen. In der Zwischenzeit den Backofen auf 180 °C Ober-/Unterhitze vorheizen.

Nach der Ruhezeit den Teig aus dem Kühlschrank nehmen. Jeweils 2 Teelöffel des Teigs abtrennen und in den Händen zu Kugeln formen. Diese auf ein mit Backpapier belegtes Backblech legen und andrücken.

Im Backofen auf mittlerer Schiene 12 bis 15 Minuten backen, bis sie von außen leicht gebräunt sind.

Seliger V
die der
Entzückt
Der Schr
den ward

Mittag

Wonne,
ten
machten
d!

SUPPE AUS STECKRÜBE

Für 4 Personen

500 g Steckrübe
1 Möhre
100 g Sellerie
100 g Lauch
2 Knoblauchzehen
1 Zwiebel
Olivenöl
200 ml Gemüsebrühe
200 ml Kokosmilch, Vollfett
200 ml Granatapfelsaft
2 Tl Currypulver
1 Tl Mandelmus
Salz
Frisch gemahlener Pfeffer
Petersilie
Granatapfelkerne

Eine Auflaufform mit Butter einfetten und den Backofen auf 220 °C Ober-/Unterhitze vorheizen. Die Steckrübe, die Möhre und den Sellerie schälen und in grobe Stücke teilen. Den Lauch waschen und ebenfalls grob schneiden. Die Knoblauchzehen und Zwiebel pellen und zerteilen.

Das Gemüse in die Auflaufform geben, Olivenöl darüberträufeln und für 35 Minuten im Ofen rösten. Nach der Hälfte der Garzeit einmal wenden. Fünf Minuten vor Ende der Garzeit 100 ml Gemüsebrühe aufschütten. Das fertige, weiche, gebräunte Gemüse in einen Standmixer füllen. Die Kokosmilch, den Granatapfelsaft, die restliche Gemüsebrühe und das Currypulver mit dem Mandelmus hinzufügen und das Gemüse pürieren. Sollte die Suppe zu fest erscheinen etwas Gemüsebrühe hinzugeben.

Die Suppe in einem Topf erneut erhitzen und mit Salz und Pfeffer abschmecken. Auf Tellern serviert mit Petersilie und Granatapfelkernen genießen.

GEMÜSE BRATLINGE

Ergibt 12 Bratlinge

8 El Haferflocken, zart
2 El Leinsamen, geschrotet
2 El Würzhefeflocken
360 ml Wasser
1 Möhre
140 g Fenchel
1 Zitrone, bio
1 Granatapfel
4 El Sonnenblumenöl
Salz
Frisch gemahlener Pfeffer
1 Tl Kreuzkümmel

In einer Schüssel Haferflocken, Leinsamen und Würzhefeflocken mischen. Das Wasser zum Kochen bringen und unter Rühren zu den Haferflocken geben. Gut vermengen und mit Salz, Pfeffer und dem Kreuzkümmel würzen. Zur Seite stellen und etwa 15 Minuten quellen lassen.

Die Möhre schälen und mit einer feinen Reibe in das Gemisch hobeln. Den Fenchel längs halbieren und den Strunk keilförmig herausschneiden. Geviertelte Fenchelstücke im Mixer zerkleinern und zum Gemisch geben.

Die Zitrone mit heißem Wasser gründlich abwaschen und die Schale abreiben. Nun auch den Saft der Zitrone auspressen. Davon 1 bis 2 Teelöffel und den gesamten Zitronenabrieb zum Gemisch geben. Mit Gewürzen abschmecken. Falls die Masse zu trocken erscheint, kann behutsam etwas Wasser hinzugefügt werden. Den Granatapfel entkernen und drei Esslöffel der Kerne vorsichtig unter das Gemisch heben.

Etwas Öl in einer großen Pfanne erhitzen. Sobald die Pfanne heiß ist, jeweils esslöffelweise die Masse in die Pfanne geben und die kleinen Bratlinge formen. Auf mittlere Hitze reduzieren. Nach circa fünf Minuten wenden und goldbraun ausbacken.

Mit einem Salat und Frischkäse-Dip servieren und heiß genießen.

genießen

RAVIOLI IN FRISCHEM RELISH

Für 4 Personen

Nudelteig
500 g Weizenmehl
5–6 Eier, mittelgroß
Etwas Wasser

Füllung
250 g Ricotta
1 Ei
100 g Parmesan
175 g Weichkäse, herzhaft
Frisch gemahlene Muskatnuss
Salz

Relish
1 Schalotte
1 Zitrone, bio
½ Tl Salz
1 Granatapfel
1 Bund Petersilie, glatt
1 El Granatapfelmelasse (S.19)
2 El Olivenöl

Für die Füllung Ricotta in eine große Schüssel geben und mit einer Gabel zerkleinern. Das Ei hinzugeben und gründlich verrühren, bis eine glatte, homogene Masse entsteht.

Inzwischen den Parmesan reiben und den Weichkäse in möglichst kleine Würfel zerteilen. Die Käsesorten unter das Ricottagemisch heben und kräftig mit der gemahlenen Muskatnuss und Salz würzen.

Das Relish vorbereiten. Dafür die Schalotte fein würfeln, die unbehandelte Zitrone heiß abwaschen, die Schale abreiben und den Saft auspressen. Ein Teelöffel Zitronenabrieb, die Schalottenwürfel und ein Esslöffel Zitronensaft mit dem Salz vermengen und marinieren lassen.

Nun den Granatapfel entkernen, frische Petersilie waschen und fein hacken. Die Melasse und das Olivenöl zum Relish geben und vermischen. Granatapfelkerne und Petersilie zum Gemisch geben und im Kühlschrank bis zur Verwendung ziehen lassen.

In der Zwischenzeit für den Nudelteig das Mehl auf der Arbeitsplatte häufen. In der Mitte ein großes Loch formen und dort 5 Eier hineinschlagen (das letzte Ei griffbereit halten). Dabei darauf achten, dass keine Flüssigkeit nach außen dringt.

Nun am inneren Rand des Mehlkranzes händisch Mehl mit Eiern verbinden. So oft etwas Mehl aus dem Inneren hinzufügen, bis die Teigmasse innen sämig-klebrig ist. Nun auch das restliche Mehl

Freun

einarbeiten und die Masse zu einem glatten Teig kneten.

Dieser sollte elastisch und fest sein. Wenn der Teig bröselig oder zu trocken erscheint, kann das letzte Ei hinzugefügt werden und darüber hinaus tröpfchenweise Wasser.

Die glatte Teigkugel für einige Minuten unter einer umgedrehten Schüssel auf der Arbeitsfläche ruhen lassen.

In dieser Zeit kann die Nudelmaschine aufgebaut werden. Eine kleine Schüssel mit Wasser, ein Pinsel, ein mit Backpapier ausgelegtes Backblech und Mehl für die Arbeitsfläche bereithalten.

Nach der Ruhezeit den Teig nun in 5 bis 8 Teile teilen, unter der gedrehten Schüssel platzieren und jeweils einen Teil hervorholen, sodass der restliche Teig nicht austrocknet.

Zur Verarbeitung in der Nudelmaschine das Nudelteigstück mit den Fingern plattdrücken. Den Teig auf Stufe 1 (breitester Walzenabstand) durch die Nudelmaschine drehen. Den ausgerollten Teig der Länge nach auf die Breite der Walze zusammenfalten und erneut durch die Nudelmaschine drehen. Stufenweise den Walzenabstand verkleinern, bis Stufe 6 erreicht ist.

Den ausgerollten Nudelteig auf eine bemehlte Arbeitsfläche legen. Auf eine Hälfte der Teigbahn von der kurzen Seite her in Abständen von 3 cm jeweils einen knappen Teelöffel Füllung platzieren. Mit den Händen oder einem Pinsel die Teigfläche rund um die Füllung leicht mit Wasser befeuchten. Dann die andere Hälfte der Teigbahn von der Mitte her über die Füllung klappen. Den Teig nah an der Füllung etwas andrücken.

Mit einem Raviolischneider oder einem Messer die Ravioli 1 cm der Füllung entfernt ausschneiden, etwas bemehlen und auf das Backblech legen. Bei Bedarf kann der Rand mithilfe einer Gabel erneut angedrückt werden. Den Vorgang wiederholen, bis keine Füllung mehr übrig ist.

Reichlich Wasser zum Kochen bringen und kräftig salzen. Mithilfe einer Schaumkelle Ravioli hinzugeben und für 15 Minuten kochen. Die Ravioli gemeinsam mit dem Relish anrichten und servieren.

LACHS MIT PAK CHOI GEMÜSE

Für 2 Personen

Lachs
1 Granatapfel
2–3 Baby Pak Choi
250 g Lachsfilet
1 Knoblauchzehe
3 Tl Sesamöl
3 Tl Sojasoße
Chiliflocken
Salz
Frisch gemahlener Pfeffer

Marinade
5 El Sesamöl
2 Tl Tandoori Masala
Salz
Frisch gemahlener Pfeffer

Mie Nudel-Beilage
160 g Mie Nudeln
3 El Sojasoße

Den Ofen auf 200 °C Ober-/Unterhitze vorheizen.

Den Granatapfel entkernen. Aus der Hälfte der Granatapfelkerne Saft herstellen (siehe Basisrezepte von Seite 19), den Rest zur Seite stellen. Den Pak Choi unten vom Strunk entfernen und die Blätter gründlich waschen und in Streifen schneiden. Die weißen Bestandteile für fünf Minuten in warmen Wasser baden.

Im Anschluss den Lachs vorbereiten. Für die Marinade Sesamöl in einen tiefen Teller geben. Tandoori Masala, Salz und Pfeffer hinzugeben und rührend zu einer Masse werden lassen. Den Lachs darin marinieren.

Nun den Pak Choi in einer Auflaufform auslegen und mit gehacktem Knoblauch, Sesamöl, Sojasoße, Chiliflocken, Salz und frisch gemahlenem Pfeffer würzen. Währenddessen das Wasser für die Mie Nudeln in einem großen Topf zum Kochen bringen.

Eine mittelgroße, beschichtete Pfanne heiß werden lassen und den marinierten Lachs darin 1 bis 2 Minuten scharf anbraten. Nun wenden und nochmals sehr kurz braten, dann mit 100 ml Granatapfelsaft ablöschen und eine Minute köcheln lassen, bis sich die Röstaromen vom Pfannenboden gelöst haben. Mit einem Esslöffel den Saft aus der Pfanne schöpfen und über den Lachs geben.

Nun den Lachs auf dem Pak Choi in der Auflaufform platzieren und den Sud aus der Pfanne über dem gesamten Gericht verteilen. 15 Minuten im Ofen backen. Die Mie Nudeln nach Packungsanleitung für wenige Minuten in heißem Wasser baden, bis diese gar sind. Die Nudeln abschütten und in der Lachspfanne mit 3 El Sojasoße kurz anbraten.

Mie Nudeln mit Pak Choi und Lachs auf Tellern anrichten und mit Granatapfelkernen garnieren.

BUNTES CURRY

Für 2 Personen

120 g Basmatireis
½ Tl Chilischote, gehackt
1 cm Ingwer
½ Zwiebel
200 g Brokkoli
1 Paprika
2 Möhren
1 Granatapfel
200 g Hähnchenbrust
1 Tl Weizenmehl
Salz
Frisch gemahlener Pfeffer
½ Tl Currypulver
¼ Tl Chiliflocken
3 El Kokosöl
3 Tl Currypaste
100 ml Kokosmilch, Vollfett
200 ml Gemüsebrühe
100 g Crème fraîche
Kokoschips

Zum Abschmecken
Salz, frisch gemahlener Peffer, Granatapfelsaft, Currypulver

Den Reis waschen, im Anschluss mit 240 ml Wasser zum Kochen bringen und nach Packungsanweisung zubereiten. Während der Reis gart, das Curry zubereiten.

Chili, Ingwer und die Zwiebel fein würfeln. Das Gemüse gründlich waschen und in mundgerechte Stücke schneiden. Den Granatapfel entkernen. Drei Esslöffel der Kerne zur Seite stellen, die restlichen Kerne zu Saft verarbeiten (siehe *Basisrezepte* Seite 19).

In einem weiteren Topf etwas Wasser zum Kochen bringen, Brokkoli hinzugeben, salzen und mit geschlossenem Deckel für circa 5 bis 7 Minuten dünsten, anschließend das Wasser abschütten und zur Seite stellen.

Die Hähnchenbrust in Stücke schneiden. In einer Schüssel Mehl, Salz, Pfeffer, Currypulver und Chiliflocken mischen und die Stücke hineingeben. So lange wenden, bis die Hähnchenstücke vollständig ummantelt sind.

In einer Pfanne zwei Esslöffel Kokosöl erhitzen, das Hähnchen hinzugeben und scharf von beiden Seiten anbraten. Danach mit vier Esslöffel Granatapfelsaft ablöschen und einkochen lassen. Das Fleisch auf einen Teller geben und zur Seite stellen.

Einen Esslöffel Kokosöl in der gleichen Pfanne erhitzen und Chili, Ingwer und Zwiebeln anrösten. Die Möhre hinzugeben und 3 Minuten scharf anbraten. Paprika hinzugeben und für zwei weitere Minuten braten. Nun die Currypaste hinzugeben und umrühren. Mit 100 ml Granatapfelsaft ablöschen und köcheln lassen, bis sich die Paste aufgelöst hat.

Nun Kokosmilch und Brühe hinzugeben und drei Minuten köcheln lassen.

Brokkoli und Hähnchenstücke zum Curry geben und diese kurz erhitzen. Crème fraîche hinzugeben und auflösen lassen. Das Gericht mit Salz, Pfeffer, Granatapfelsaft und Currypulver abschmecken.

Basmatireis in Schalen mit dem bunten Curry, Kokoschips und Granatapfelkernen anrichten.

ROTES RISOTTO

Für 4 Personen

1 Zwiebel, rot
1 Knoblauchzehe
4 Rosmarinzweige
2 Granatapfel
2 Rote Bete-Knollen
Etwas Sonnenblumenöl
1 L Gemüsebrühe
1 Tl Honig
250 g Risottoreis
50 g Parmesan
1 El Butter
Salz
Frisch gemahlener Pfeffer

Die rote Zwiebel und die Knoblauchzehe schälen und fein würfeln. Rosmarinnadeln abzupfen und grob hacken. Die Granatäpfel entkernen und die Hälft der Kerne zu Saft verarbeiten (siehe Basisrezpete S. 19). Die Rote Bete schälen, in circa 1 cm große Würfel schneiden. Öl in einem großen Topf erhitzen und Zwiebel und Knoblauch anschwitzen. Nun die Rote Bete hinzugeben und einige Minuten unter Wenden braten.

In der Zwischenzeit in einem weiteren Topf die Gemüsebrühe zum Köcheln bringen. Diese bleibt über den gesamten Kochvorgang des Risottos auf mittlerer Hitze leicht siedend.

Nun den Honig zum Gemüse hinzufügen, karamellisieren lassen und den Reis einrühren. Mit 125 ml Granatapfelsaft ablöschen und kurz ziehen lassen. Die Rosmarinspäne hinzugeben. Nach 1 bis 2 Minuten eine Kelle der Gemüsebrühe zum Risotto geben und auf mittlerer Hitze mit geschlossenem Deckel ziehen lassen. Gelegentlich umrühren.

Sobald der Reis die Brühe aufgesogen hat, kann der Vorgang wiederholt werden, bis der Reis al dente gegart ist. Nun wird das Risotto von der Hitzefläche genommen und der Parmesan und die Butter hinzugefügt und umgerührt, bis der Parmesan geschmolzen ist. Mit geschlossenem Deckel noch einige Minuten ziehen lassen, bei Bedarf mit Salz und Pfeffer nachwürzen, Granatapfelkerne unterrühren und frisch servieren.

FRUCHTIGES RAGOUT

Für 4 Personen

2 Granatäpfel
6 El Öl
500 g Rindfleisch
500 g Zwiebel
1 Knoblauchzehe
1½ Tl Salz
Frisch gemahlener Pfeffer
1 Tl Granatapfelmelasse (S. 19)
1 El Tomatenmark
500 ml Gemüsebrühe
2 Tl Paprikapulver, edelsüß
½ Tl Chilipulver
1 Tl Majoran
Muskat
1 Zweig Rosmarin, frisch
1 Lorbeerblatt
Wasser

Zum Abschmecken
Salz, frisch gemahlener Pfeffer

Die Granatäpfel entkernen und die Hälfte der Kerne zu Saft verarbeiten (siehe Basisrezepte S. 19) . Rindfleisch in kleine, mundgerechte Stücke schneiden. Zwiebeln und Knoblauch fein würfeln.

In einem großen Topf Öl heiß werden lassen und das Fleisch scharf anbraten. Nach wenigen Minuten Zwiebeln und Knoblauch hinzugeben und mit Salz und Pfeffer würzen. Nun Granatapfelmelasse und Tomatenmark ergänzen und das Gemisch kurz karamellisieren lassen. Mit 100 ml Granatapfelsaft ablöschen.

Sobald der Saft zur Hälfte verkocht ist, wird die Gemüsebrühe hinzugefügt.

Paprikapulver, Chilipulver, Majoran, Muskat und Salz verrühren. Rosmarinzweige fein hacken. Die Gewürzmischung, das Lorbeerblatt und die Rosmarinspäne zum Ragout beigeben.

Das Gemisch wird nun für zwei Stunden bei mittlerer Temperatur geköchelt, bis sich die Zwiebeln zu einer sämigen Soße aufgelöst haben. Alle 15 bis 20 Minuten den Topf mit 200 ml Wasser auffüllen, sofern die Flüssigkeit im Topf zu gering erscheint. Die letzte Zugabe sollte 10 Minuten vor Kochende erfolgen.

Das Ragout mit Salz und Pfeffer abschmecken und die Granatapfelkerne vor dem Servieren unterheben. Dazu passen Nudeln, Klöße oder knusprige Ofenkartoffeln.

KARTOFFEL SALAT

Für 4 Personen

Salat

1 kg Kartoffeln
2 Tl Salz
1 El Sonnenblumenöl
1 Granatapfel
1–2 Frühlingszwiebeln
1 Bund Petersilie, frisch
1 Bund Schnittlauch, frisch

Mayonnaise

1 Ei
½ Tl Senf
½ Tl Salz
4 El Granatapfelessig (S. 19)
Frisch gemahlener Pfeffer
150–170 ml Sonnenblumenöl

Kartoffeln schälen und in mundgerechte Stücke schneiden, in eine Schale geben und mit Salz und Öl vermischen. Ein Backblech mit Backpapier auslegen und die Kartoffeln darauf ausbreiten. Bei 200 °C für 20 Minuten im Ofen garen und zum Abkühlen zur Seite stellen.

Den Granatapfel entkernen.

Ein Ei in ein hohes Gefäß geben. Senf, Salz, ein Esslöffel Granatapfelessig und Pfeffer hinzugeben. Das Sonnenblumenöl bereitstellen und das Ei-Gemisch mithilfe eines Pürierstabs mixen und zur gleichen Zeit das Öl langsam einfließen lassen, bis die Masse eine dickflüssige Konsistenz angenommen hat. Nun drei Esslöffel Granatapfelessig hinzugeben und umrühren.

Kalte Kartoffeln in eine Schale geben. Petersilie und Schnittlauch klein hacken und Frühlingszwiebel in Ringe schneiden. Die selbst gemachte Mayonnaise, Kräuter und Granatapfelkerne zu den Kartoffeln geben und umrühren. Mit Salz abschmecken und für circa zwei Stunden im Kühlschrank ziehen lassen.

Durch das frische Ei sollte der Kartoffelsalat spätestens am zweiten Tag verzehrt werden.

SCHARFES TABOULÉ

Für 6 Portionen

200 g Bulgur, körnig
200 ml Gemüsefond
1 Zitrone, bio
1 Chilischote, rot
3 El Olivenöl
3 El Granatapfelmelasse (S. 19)
1 El Honig
Salz
Frisch gemahlener Pfeffer
2 Knoblauchzehen
3 Bund Petersilie, glatt
1 Bund Minze, frisch
2 Minigurken
1 Granatapfel

Zum Garnieren

200 g Joghurt, natur

Den Bulgur waschen, bis das Wasser klar wird. In einen Topf geben und mit 200 ml kochendem Gemüsefond übergießen, mit Deckel schließen und für 15 Minuten quellen lassen.

Die Biozitronen heiß abwaschen und die Schale abreiben. Im Anschluss wird die Zitrone ausgepresst. Die Chili fein würfeln.

In einer Salatschüssel Olivenöl, Granatapfelmelasse, Honig, Zitronensaft, ein Esslöffel Zitronenabrieb, Chili, Salz und Pfeffer vermischen und ziehen lassen. Die Knoblauchzehen fein reiben und hinzugeben.

Die Kräuter gründlich waschen, abtupfen und hacken, die Minigurken klein würfeln und den Granatapfel entkernen.

Wenn der Bulgur kalt ist, kann dieser mit den Kräutern, den Gurkenstücken und dem Granatapfel unter das Dressing gehoben werden.

Mit Naturjoghurt servieren.

wieder
mich wä
Droben
Jugend,
In der
vertaum

Nach-
mittag

NUSSIGE BLONDIES

Für eine 25x25cm-Form

200g Schokolade, weiß
2 Granatäpfel
100g Walnüsse
250g Butter, weich
Mark einer Vanilleschote
Prise Salz
1Tl Zitronenabrieb
4 Eier
180g Zucker
300g Weizenmehl
1Tl Backpulver
100g Joghurt
50ml Milch

Zum Garnieren
Puderzucker
Granatapfelkerne
Schokoladensplitter, weiß

Die Schokolade hacken, zwei Esslöffel der Schokoladensplitter zur Seite legen und den Rest in einem Wasserbad schmelzen. Den Ofen auf 180°C Ober-/Unterhitze vorheizen. Granatäpfel entkernen.

Nun die Nüsse grob hacken. Die Butter mit dem Mark, der Vanilleschote, Salz und Zitronenabrieb schaumig schlagen. Die Eier mit dem Zucker nach und nach untermischen. Das Mehl mit Backpulver vermischen und in eine Schüssel sieben. Joghurt und Milch in einer separaten Schüssel mischen. Nun wird abwechselnd Mehlgemisch und Joghurtgemisch unter die Buttermasse gerührt. Nach und nach die Schokolade vorsichtig einrieseln lassen und im Anschluss die Nüsse unterheben.

Den Teig in die tiefe, gefettete Backform füllen. Den Großteil der Granatapfelkerne auf dem glatt gestrichenen Teig verteilen und mit der Hand leicht festdrücken. Den Rest der Granatapfelkerne zur Seite stellen. Im Ofen circa 45 Minuten ausbacken.

Das Gebäck auskühlen lassen und in Rechtecke schneiden. Mit den restlichen Granatapfelkernen, Schokoladensplittern und Puderzucker dekorieren und servieren.

SCHOKO KUCHEN

Für eine eckige Tartform (36 x 15 cm)

Boden

100 g Haferflocken, fein
30 g Kakao
80 g Reismehl
50 g Kokosöl
60 g Mandelmus
40 g Ahornsirup
1 Prise Salz

Schokoladenfüllung

250 g Zartbitterschokolade
350 g Seidentofu

Fruchtspiegel

2 Granatäpfel
1 Limette
1 Tl Agar Agar
Kakaonibs

Für den knuspirgen Boden den Backofen auf 200 °C Ober-/Unterhitze vorheizen. Die Haferflocken in einen Mixer geben und kurz zerkleinern. Dann diese mit dem Kakao und dem Reismehl gleichmäßig vermengen. Das Kokosöl in einem Topf erwärmen und mit dem Mandelmus, dem Ahornsirup und der Prise Salz vermischen, bis eine homogene Masse entsteht. Daraufhin das flüssige und das feste Gemisch zusammengeben und mit den Händen durchkneten, bis der Teig saftig und gleichmäßig ist.

Eine eckige Tarteform gut einfetten, den Teig darin eindrücken und an den Rändern sorgfältig hochziehen. Im Backofen für 15 Minuten auf mittlerer Schiene backen, herausnehmen und abkühlen lassen.

In der Zwischenzeit die Schokoladenfüllung vorbereiten. Dafür die Zartbitterschokolade grob hacken und über einem Wasserbad zum Schmelzen bringen. Den Seidentofu abtropfen lassen und in einer hohen Schüssel mit einem Stabmixer glatt pürieren. Nun wird die Schokolade in die Tofumasse hineingegeben und glatt gemixt. Die homogene Masse auf dem Knusperboden verteilen und für eine Stunde im Kühlschrank ruhen lassen.

Nach der Ruhezeit den Schokokuchen aus dem Kühlschrank nehmen und auf Zimmertemperatur erwärmen lassen. Sobald der Kuchen zimmerwarm ist, die Granatäpfel entkernen, ein paar Kerne für die Dekoration zur Seite stellen und aus dem Rest Saft herstellen (siehe Basisrezepte S. 19). Den Saft und die Limette mit Agar Agar mischen. Die Flüssigkeit in einem Topf zum Kochen bringen, zwei Minuten köcheln lassen, zur Seite stellen und lauwarm abkühlen lassen. Zum Schluss den Fruchtspiegel auf den Schokokuchen geben und erneut im Kühlschrank aushärten lassen. Mit Granatapfelkernen und Kakaonibs dekorieren.

FRISCHER KÄSEKUCHEN

Für eine runde Form (Ø 28 cm)

Mürbeteig
250 g Weizenmehl
1 Tl Backpulver
1 Ei
100 g Zucker
125 g Butter

Creme
500 g Quark
175 g Zucker
1 Pck Vanillezucker
1 Pck Vanillepuddingpulver, zum Kochen
3 Eier
200 g Butter, zerlassen

Granatapfelgelee
350 ml Granatapfelsaft
1 Zitrone
20 g Stärke

Für den Mürbeteig in einer Schüssel Mehl und Backpulver mischen. In der Mitte eine Mulde formen und das Ei, den Zucker und die Butter hinzugeben und leicht mit einem Löffel vermischen, dann auf eine mit Mehl bestäubte Arbeitsfläche geben und weiter mit den Händen zu einem glatten Teig verkneten. Den Teig mit Frischhaltefolie umschlagen und für circa 30 Minuten im Kühlschrank ruhen lassen.

Für die Creme Quark, Zucker, Vanillezucker, Puddingpulver und Eier verquirlen. Nun das Handrührgerät auf eine niedrige Stufe stellen und die zerlassene Butter vorsichtig einfließen lassen.

Ofen auf 170 °C Ober-/Unterhitze vorheizen.

Nun zwei Drittel des Teiges mithilfe eines Nudelholzes gleichmäßig ausrollen. Die 28-cm-Springform darauf platzieren und den Teig rund ausschneiden. Dann die Form einfetten und mit Backpapier auslegen und den ausgerollten Teig hineingeben. Das übrige Teigdrittel und den Verschnitt zu einer langen Schnur rollen und am inneren Rand der Springform platzieren und mit den Fingern circa 4 bis 5 cm hochziehen.

Für das Granatapfelgelee Granatapfelsaft, Saft einer Zitrone und Stärke mischen und in einem Topf zum Kochen bringen, bis die Masse dickflüssig wird.

Ein Drittel der Quark-Creme in die Springform geben. Esslöffelweise Gelee einfüllen und mit Creme bedecken. Gelegentlich mit einer Gabel kreisförmig durch die Masse streichen und diese marmorieren. Den Vorgang wiederholen, bis keine Masse mehr vorhanden ist. Form in den Ofen geben und für circa 60 Minuten backen.

FRUCHTIGES TIRAMISU

Für eine Form (27 x 16 cm)

1 Granatapfel
250 g Sahne
1 Pck Vanillezucker
1 Pck Sahnesteif
1 Zitrone, bio
250 g Mascarpone
100 g Joghurt, natur
70 g Zucker
300 ml Kalter Espresso
4 El Amaretto
100 g Löffelbiskuit
100 g Granatapfelgelee

Zum Garnieren
Pistazienkerne
Zartbitterschokoladenspäne

Granatapfel entkernen und beiseitestellen.

Für die Creme die Sahne mit dem Vanillezucker und dem Sahnesteif steif schlagen. Nun die Biozitrone heiß abwaschen und die Schale fein abreiben. In einer Schüssel Mascarpone und Naturjoghurt zu einer glatten Masse verquirlen. Nun den Zucker einrieseln lassen, bis dieser aufgelöst ist. Die Sahne und den Zitronenabrieb unterheben.

Den Espresso mit dem Amaretto mischen und in einen Suppenteller füllen. Danach den Löffelbiskuit einzeln darin baden und in eine Auflaufform geben, bis der Boden der Form bedeckt ist.

Die erste Hälfte der Creme darüberstreichen und etwas Granatapfelgelee über der Creme verteilen. Mit Granatapfelkernen bestreuen und mit einer weiteren Ebene getränktem Löffelbiskuit schichten. Nach der zweiten Hälfte Creme folgen erneut das Gelee und die Granatapfelkerne. Das Tiramisu kann mit Zartbitterschokolade und gehackten Pistazienkernen dekoriert werden.

MINI PAVLOVAS

Für 12 Stück

Baiser
1 Tl Stärke
200 g Zucker
4 Eiweiß
Prise Salz
100 g Zartbitterschokolade

Creme
200 g Schlagsahne
1 Pck Vanillezucker
1 Pck Sahnesteif
125 g Mascarpone
150 g Griechischer Joghurt

Gelee
1 Granatapfel
1 Zitrone, bio
60 g 2:1 Gelierzucker

Zum Garnieren
Granatapfelkerne
Pistazienkerne
Zartbitterschokoladenspähne

Für das Gelee den Granatapfel entkernen und die Kerne zu Saft verarbeiten. Die Zitrone auspressen und den Saft zu 200 ml mit Granatapfelsaft auffüllen. Anschließend mit dem Gelierzucker vermischen und unter Rühren erhitzen, bis die Flüssigkeit sprudelnd kocht. Für vier Minuten unter Rühren weiterkochen lassen, dann zur Seite stellen und vollständig erkalten lassen. Das Gelee sollte relativ dickfüssig bleiben und nicht komplett gelieren.

Stärke in den Zucker sieben und gut vermengen. Eiweiß und Salz mithilfe eines Rührgeräts auf hoher Stufe circa fünf Minuten steif schlagen. Nach und nach esslöffelweise Zucker einrieseln lassen und weitere fünf Minuten schlagen, bis steifer, homogener Eischnee enstanden ist und sich der Zucker komplett aufgelöst hat. Zur Überprüfung etwas Eischnee zwischen Daumen- und Zeigefinger massieren und mögliche Zuckerkristalle erfühlen. Sind noch Zuckerkristalle vorhanden, wird weitergeschlagen.

Ofen auf 110 °C Ober-/Unterhitze vorheizen. Eischnee in einen Spritzbeutel mit Zackenaufsatz füllen. Auf einem mit Backpapier ausgelegten Backblech nun einen kleinen Klecks geben und um diesen herum anschließend mit der Masse aus dem Spritzbeutel kreisen. Nach Vollendung des ersten Kreises eine weitere Runde kreisen, sodass ein kleiner Zylinder (circa 4 cm breit und 5 cm hoch) entsteht.

Den Vorgang mit etwas Platz zum vorherigen Pavlova wiederholen, bis die Masse vollständig aufgebraucht wurde. Die Pavlovas in den Ofen geben und für circa 60 bis 100 Minuten im Ofen trocknen. Die Ofentür dabei leicht geöffnet lassen, indem ein Kochlöffel in der Tür platziert wird.

Fühlen sich die Pavlovas trocken an und lassen sich sehr leicht von dem Backpapier lösen, sind sie fertig. Diese können aus dem Ofen genommen werden und auf einem Rost abkühlen. Luftdicht verpackt halten sich die Pavlovas ohne Creme mehrere Tage bei Zimmertemperatur.

Zartbitterschokolade in einem Wasserbad verflüssigen. Den Innenraum der Pavlovas mit Schokolade überziehen und trocknen lassen. In der Zwischenzeit Sahne mit dem Vanillezucker und Sahnesteif steif schlagen. Die Mascarpone mit dem Joghurt kurz aufschlagen und die steife Sahne vorsichtig unterheben. Nun das komplett erkaltete Gelee unterheben. Die Masse bis zur Verwendung in den Kühlschrank stellen.

Kurz vor dem Servieren die Pavlovas teelöffelweise mit Creme füllen und mit Granatapfelkernen und Pistazien verzieren.

FRISCHE SWIRLS

Ergibt 12 Schnecken

Hefeteig
350 g Weizenmehl
60 g Rohrzucker
1 Tl Kardamom
½ Tl Meersalz, fein
180 ml Vollmilch
6 g Hefe
1 Ei, klein
55 g Butter, weich

Granatapfelfüllung
200 ml Granatapfelsaft
Saft einer Zitrone
2 Pck Vanillezucker
2 El Stärke
100 g Butter, weich
100 g Marzipan
Lebensmittelfarbe, rot
2 El Zimt & Zucker

Zum Garnieren
Vanillesoße

Für den Hefeteig Weizenmehl mit Zucker, Kardamom und Meersalz mischen und in der Mitte eine kleine Mulde formen. Die Milch leicht anwärmen und die Hefe darin auflösen. Nun die Milch und das Ei zum Mehlgemisch geben und vermengen, nicht kneten, sodass sich die Komponenten leicht verbunden haben. Für 10 Minuten mit einem Küchentuch abgedeckt ruhen lassen.

Nach der Ruhezeit die Butter in den Teig geben und verkneten. Den glatten Teig in ein Gefäß geben, dieses mit einem sauberen Küchentuch abdecken und für 2 Stunden ruhen lassen.

In der Zwischenzeit Granatapfelsaft und Zitronensaft mit Vanillezucker vermischen. Sechs Teelöffel abschöpfen und in einer Schüssel mit Stärke vermengen. Den anderen Teil des Granatapfelsafts zum Kochen bringen. Sobald der Granatapfelsaft kocht, die Flüssigkeit von der Flamme nehmen und das Saft-Stärke-Gemisch unterrühren – erneut aufkochen, bis die Masse cremig wird, dann erkalten lassen.

In einer weiteren Schüssel Butter und Marzipan mithilfe eines Rührgeräts glatt rühren. Mit Granatapfelgelee vermengen und mit Lebensmittelfarbe rötlich färben.

Im nächsten Schritt wird der Teig rechteckig auf circa ½ cm ausgerollt und mit Granatapfelmasse bestrichen. Über die Masse wird Zimt & Zucker gleichmäßig verteilt.

Anschließend wird der Teig in drei Lagen gefaltet. Dazu von der kurzen Seite ausgehend ein Drittel des Teigs einschlagen und dann den Teig von der anderen Seite darüberfalten. Den Teig um 90 Grad drehen und in circa 1 cm breite Streifen schneiden.

Die Streifen jeweils an den Enden festhalten und gegeneinanderdrehen, damit eine Spirale entsteht. Die Spiralen direkt auf ein mit Backpapier ausgelegtes Backblech schneckenförmig zusammenlegen, wobei die Enden unter der entstandenen Schnecke versteckt werden.

Es folgt eine weitere Ruhezeit von 3 bis 6 Stunden. Dabei wird das Backblech und eine kleine Schale Wasser im kalten Ofen platziert. Nach der Ruhezeit die Schnecken und die Schale aus dem Ofen nehmen und den Ofen auf 200 °C Ober-/Unterhitze vorheizen. Die Schnecken circa 6 bis 8 Minuten goldbraun backen und lauwarm mit Vanillesoße servieren.

LUFTIGE MOUSSE

Für 12 Stück

Mousse

1 Vanilleschote
500 g Griechischer Joghurt
2 El Honig
60 ml Wasser
1½ Tl Agar Agar
250 ml Granatapfelsaft

Pistazienganache

90 g Schokolade, weiß
40 g Pistazienpaste
250 g Sahne
1 Prise Salz

Zum Garnieren

Granatapfelkerne
Pistazienkerne

Am Vortag wird die Pistazienganache vorbereitet. Dafür die weiße Schokolade hacken und mit der Pistazienpaste in einer Schüssel vermengen. In einem Kochtopf Sahne aufkochen lassen und über die Schokoladen-Pistazienmasse gießen. Im nächsten Schritt mithilfe eines Pürierstabs die Mischung aufemulgieren und mit Salz abschmecken. Die Schüssel direkt mit Frischhaltefolie abgedeckt über Nacht bei 4 °C abkühlen lassen.

Für die Granatapfelmousse die Vanilleschote der Länge nach halbieren und im Inneren das Vanillemark herauskratzen. In einer Schüssel den Joghurt mit Vanillemark und Honig gut vermischen, bis sich eine einheitliche Masse bildet.

In einem kleinen Topf das Wasser mit dem Agar Agar vermischen, erhitzen und für eine Minute leicht köcheln, bis sich alles aufgelöst hat. Danach von der Kochplatte nehmen und kurz abkühlen lassen.

Nun wird der Granatapfelsaft zum Joghurt hinzugegeben, dann die Agar Agar-Mischung einfließen lassen. Sobald die Komponenten einheitlich vermischt sind, kann die Masse in eine Schale oder in kleine Dessertschälchen gegeben werden und geliert für mindestens drei Stunden im Kühlschrank.

Nach der Ruhezeit die Pistazienganache aus dem Kühlschrank nehmen und mit einem Rührgerät steif schlagen. Mithilfe eines Spritzbeutels die Pistazienganache auf der Mousse dekorieren. Pistazienkerne und Granatapfelkerne darüberstreuen und genießen.

PISTAZIEN TARTES

Für 6 Tartes (ø 10 cm)

Knusperboden
260 g Mandelmehl
½ Tl Backpulver
Prise Meersalz
4 Tl Kokosöl
2 Tl Granatapfelmelasse (S. 19)

Schokocreme
120 g Zartbitterschokolade
1 Tl Granatapfelmelasse
Prise Salz

Füllung
1 Vanilleschote
60 g Mandelmus
60 ml Granatapfelmelasse (S. 19)
Prise Meersalz
200 g Pistazienkerne
40 g Mandeln
60 g Granatapfelkerne

Den Backofen auf 180 °C Ober-/Unterhitze vorheizen. Die Tartesförmchen großzügig mit Kokosöl fetten.

Für den Knusperboden Mandelmehl, Backpulver und Meersalz mischen. In einem kleinen Kochtopf Kokosöl mit zwei Teelöffeln Granatapfelmelasse erwärmen, bis eine homogene Flüssigkeit entsteht. Nun die Flüssigkeit zum Mehlgemisch geben und gut verkneten, bis die Zutaten sich verbunden haben.

Den Teig in die vorbereiteten Förmchen geben, gut andrücken und die Ränder ausfüllen. Anschließend die Tartes für 10 bis 12 Minuten in den Backofen geben und goldig-knusprig backen. Aus dem Backofen nehmen und in den Förmchen auskühlen lassen.

Nun die Mandeln und Pistazien auf einem mit Backpapier ausgelegten Backblech verteilen und für 5 bis 7 Minuten auf gleicher Temperatur unter Aufsicht im Backofen rösten.

Für die Füllung die Vanilleschote längs halbieren und das Vanillemark herauskratzen. Das Mandelmus und die Granatapfelmelasse in einem Kochtopf sanft unter Rühren erhitzen. Sobald die Masse einheitlich geworden ist, das Vanillemark und das Meersalz untermengen. In einer großen Schüssel geröstete Pistazien und Mandeln mit Granatapfelkernen mischen und vorsichtig das Mandelmusgemisch unterheben.

Anschließend Zartbitterschokolade hacken und in einem Wasserbad mit Granatapfelmelasse und Salz schmelzen. Die Tartes vorsichtig aus ihren Förmchen lösen. Die Schokolade in die Innenflächen der Tartes streichen und abkühlen lassen. Als Nächstes die Füllung mithilfe eines Teelöffels auf den Tartes verteilen und für 30 Minuten im Kühlschrank kalt stellen. Zehn Minuten vor dem Servieren aus dem Kühlschrank nehmen.

Himmlis
Blüten,
In den G
Seliger
Wonne

chen

erüchen

Abend

FRUCHTIGES PESTO

Für 4 Personen

50 g Pinienkerne
50 g Basilikum
4 Tomaten, getrocknet, eingelegt
1 Knoblauchzehe
Salz
Frisch gemahlener Pfeffer
Prise Chilliflocken
100 ml Olivenöl
80 ml Granatapfelsaft
3 El Granatapfelmelasse (S. 19)
75 g Parmesan
Granatapfelkerne

Die Pinienkerne ohne Fett in einer Pfanne goldbraun rösten und abkühlen lassen.

Basilikum waschen. Die getrockneten Tomaten, die Knoblauchzehe, Salz, Pfeffer und Chiliflocken mit dem Olivenöl und Granatapfelsaft mixen. Nach und nach Basilikum dazugeben und weitermixen. Mit Granatapfelmelasse würzen.

Parmesan fein reiben und mit den Granatapfelkernen unter die Basilikummasse heben.

SÜSSKARTOFFEL AUFSTRICH

Für 4 Personen

200 g Süßkartoffeln
100 g Möhren
1 Knoblauchzehe
1 Zwiebel
1 Zweig Rosmarin
50 g Sonnenblumenkerne
35 g Tomatenmark
1 El Granatapfelmelasse (S. 19)
20 g Petersilie
1 El Granatapfelessig
1 Tl Zitronensaft
1 Tl Kurkuma
½ Tl Cayennepfeffer
1 Tl Oregano
2 Tl Salz
Frisch gemahlener Pfeffer
1 Granatapfel

Die Süßkartoffeln und die Möhren schälen und in grobe Stücke schneiden. In einem Topf ein Liter Wasser zum Kochen bringen, gut salzen und das Gemüse für circa 10 Minuten kochen.

Gemüse abschütten und leicht abkühlen lassen. In der Zwischenzeit Knoblauch und Zwiebel schälen und fein hacken. Die Rosmarinnadeln vom Zweig abzupfen.

Die Sonnenblumenkerne in den Mixer geben und zu einer feinen Konsistenz zerkleinern. Das Gemüse, Rosmarin, Knoblauch und Zwiebel hinzugeben und mixen. Nun mit Tomatenmark, Granatapfelmelasse, Petersilie, Granatapfelessig, Zitronensaft, Kurkuma, Cayennepfeffer, Oregano, Salz und Pfeffer würzen. Im Mixer vermengen, bis eine sämig-cremige Konsistenz entsteht.

Den Granatapfel entkernen und 4 bis 5 Esslöffel der Granatapfelkerne zum Aufstrich geben. Nach Belieben mit Salz und Pfeffer abschmecken.

FRÜHLINGS FRISCHKÄSE

Für 4 Personen

100 g Walnüsse
30 g Basilikum, frisch
10 g Estragon, frisch
20 g Minze, frisch
40 g Schnittlauch, frisch
20 g Koriander, frisch
1 Knoblauchzehe
200 g Fetakäse
60 ml Olivenöl
20 ml Granatapfelmelasse (S. 19)
Salz
Frisch gemahlener Pfeffer
1 Granatapfel

Die Walnüsse hacken und in einer beschichteten Pfanne ohne Öl rösten, bis sie nussig durften. Auf einem Teller abkühlen lassen.

Kräuter gründlich waschen und die Blätter von den Stielen zupfen, dann trocken tupfen. Die Knoblauchzehe schälen.

Anschließend die Kräuter mit dem Feta, der Knoblauchzehe, und den flüssigen Zutaten mithilfe eines Pürierstabs zu einer cremigen Masse pürieren. Mit Salz und Pfeffer abschmecken.

Zum Servieren den Granatapfel entkernen und die Kerne nach Belieben unter die Masse heben.

CREMIGER HUMMUS

Für 4 Personen

1 Dose (400 g) Kichererbsen
1 Zitrone, bio
2 Knoblauchzehen
½ Tl Salz
120 g Tahini, ungesalzen
100 ml Wasser, kalt
1 El Olivenöl
2 El Granatapfelmelasse (S. 19)
½ Tl Kreuzkümmel

Granatapfelkerne
Olivenöl
Petersilie

Kichererbsen in ein Sieb abgießen, Kichererbsenwasser auffangen und die Kichererbsen anschließend mit Wasser abbrausen. Ein paar Kichererbsen für später zur Seite stellen.

Die Zitrone auspressen, den Saft mit Knoblauchzehen und Salz in einem Mixer zu einer Paste vermixen. Danach Tahini hinzugeben und langsam das kalte Wasser mit 50 ml Kichererbsenwasser einfließen lassen, bis eine helle, cremig-luftige Masse entsteht.

Anschließend die Kircherbsen, Olivenöl, Granatapfelmelasse und Kreuzkümmel hinzugeben und zwei Minuten zu einer glatten, homogenen Masse mixen. Mit Salz, Zitronensaft und Granatapfelmelasse abschmecken.

Mit Granatapfelkernen, etwas Olivenöl, etwas Melasse, den aufgehobenen Kichererbsen und der Petersilie dekorieren.

FRUCHTIGER SALAT

Für 4 Personen

50 g Quinoa
1 Orange
1 Granatapfel
10 g Minze, frisch
1 Zweig Basilikum
300 g Babyspinat
50 g Fetakäse
4 El Olivenöl
2 Tl Granatapfelmelasse (S. 19)
2 Tl Granatapfelessig (S. 19)
1 Tl Senf, mittelscharf
1 Tl Senf, süß
Chiliflocken
Salz
Frisch gemahlener Pfeffer

Mithilfe von warmen, fließendem Wasser den Quinoa in einem Sieb waschen. In einem Topf Wasser zum Kochen bringen, den Quinoa hineingeben und mit einem Topfdeckel schließen. Bei mittlerer Hitze 15 Minuten ziehen lassen. Dann den Topf vom Kochfeld nehmen und ohne Deckel weitere fünf Minuten ruhen lassen. Daraufhin Wasser abgießen und abkühlen lassen.

Die Orange filetieren und den Granatapfel entkernen. Die Minz- und Basilikumblätter von den Stielen abzupfen, waschen und nach Belieben hacken. Den Babyspinat gründlich waschen. Den Fetakäse zerbröseln. Alle Zutaten mit dem fertigen Quinoa in einer großen Salatschüssel vermengen.

Für das Dressing Olivenöl mit Granatapfelmelasse, Granatapfelessig, Senf, Chiliflocken, Salz und Pfeffer gründlich vermischen und kurz vor dem Servieren über den Salat geben.

LINSEN AUFSTRICH

Für 4 Portionen

200 g Berglinsen
1 Zwiebel
2 Knoblauchzehen
Etwas Olivenöl
1 Tl Kurkuma
2 El Limettensaft
¼ Tl Piment
¼ Tl Kreuzkümmel, gemahlen
¼ Tl Koriander
40 ml Granatapfelmelasse (S. 19)
Salz
Frisch gemahlener Pfeffer
Etwas frische Minze
Granatapfelkerne

Die Berglinsen waschen, bis das Wasser klar wird. Danach in einem Topf mit 600 ml Wasser zum Kochen bringen und für 30 bis 40 Minuten bei mittlerer Hitze kochen, bis die Linsen weich sind.

In der Zwischenzeit die Zwiebel und den Knoblauch würfeln. Etwas Olivenöl in der Pfanne erhitzen und das Gemüse schonend glasig braten. Mit Kurkuma würzen und erkalten lassen.

Die gegarten Berglinsen mit Zwiebeln und Knoblauch in einen Topf geben, Limettensaft, Olivenöl, Piment, Kreuzkümmel, Koriander und Granatapfelmelasse hinzugeben und mit dem Pürierstab sämig pürieren. Im Anschluss mit Salz und Pfeffer abschmecken. Mit etwas Minze und Granatapfelkernen bestreuen und servieren.

FRISCHE OLIVEN

Für 4 Personen

250 g Oliven, eingelegt
1 Bund Minze, frisch
4 EL Granatapfelmelasse (S. 19)
1 EL Olivenöl
150 g Walnüsse
1 Knoblauchzehe
Granatapfelkerne

Zuerst die Oliven abschütten und in eine verschließbare Plastikschale umfüllen. Die Minze gründlich waschen, trocken tupfen und abzupfen. Im Anschluss wird diese fein gehackt. Die Granatapfelmelasse und das Olivenöl vermischen und mit der gehackten Minze vermengen.

Anschließend Walnüsse grob hacken und zu dem Gemisch geben und die Knoblauchzehe abschälen, fein reiben und unterheben. Daraufhin Granatapfelkerne zu den Oliven geben und die Marinade gleichmäßig darübergießen, gut vermsichen und verschlossen im Kühlschrank für zwei Tage ziehen lassen.

Der Schma[...]

Register

A

B

C

D

H

I

J

K

Q

R

S

DANKE

In einer sehr aufregenden, intensiven und lehrreichen Zeit bedanke ich mich herzlich für die Unterstützung und Begleitung meines vielschichtigen Kochbuch-Projekts. Herzlichen Dank an meine Eltern Andreas und Claudia, meine Schwester Alicia, Theresa und Benni, Elisa, Christin, Justine, Michelle und an alle weiteren Kontakte, die Rezepte probierten und probeweise nachkochten, ständig ein offenes Ohr hatten, Korrektur lasen und mir bei meiner Entscheidungsfindung zur Seite standen.

Ein besonderer Dank gebührt meinem Partner Philipp, der mir besonders verständnisvoll und unterstützend in turbulenten Zeiten beiseitestand und auch in zweifelnden Momenten die nötige Unterstützung entgegenbrachte.

Ich bedanke mich außerdem herzlich für die gestalterische Projektbegleitung von Prof. Jörg Winde und Dipl.-Designerin Judith Anna Rüther, die meine größten Unterstützer und ehrliche Kritiker waren, was genau das ist, was ein Projekt wie dieses vollkommen und einzigartig macht.

Vielen Dank an meinen Verlag LV.Buch, besonders Lena Siemann und Jana Neubert, für die fantastische Zusammenarbeit, für das Vertrauen in mich und das Kochbuch. Die allzeit positive, hilfsbereite und angenehme Atmosphäre und der kreative Austausch waren für mich eine besondere und lehrreiche Zeit.

Das Ergebnis dieser intensiven Zeit ist mein erstes Kochbuch, auf das ich sehr stolz bin und welches einen perfekten Abschluss meines Fotografie-Studiums darstellt.

Herzlichen Dank.

ÜBER

Jacqueline Voßmann ist leidenschaftliche Fotografin und nun auch Autorin ihres ersten Kochbuchs, welches den Abschluss ihres Fotografie-Studiums verkörpert. Voller Freude beschäftigt sie sich mit der Rezeptentwicklung, der Ausarbeitung einer einzig für das Kochbuch entstandenen Bildsprache, dem Foodstyling und der präzisen Gestaltung des Layouts.

Mit dem daraus resultierenden Kochbuch steigt sie in die fotografische Selbstständigkeit ein, in der sie sich im Bereich Food-, Coporate- und Werbefotografie bewegen wird.

Wir liefern herausragende Qualität.

Landleben, Genuss, Natur:
Hier sind wir zu Hause.

MATERIAL, FORMAT, BINDUNG

Wir stehen für hochwertige Bücher mit individuellen Details.

KNIPS!

Ein anregendes Layout und großformatige Bilder sind für uns unerlässlich.

REGIONAL VERWURZELT

Kurze Transportwege sind uns wichtig – für die Umwelt und einen kleineren CO_2-Fußabdruck.

FAMILIÄR

Unser Team kümmert sich mit Hingabe um jede Ihrer Anfragen.

NATURVERBUNDEN

Wir bevorzugen FSC-zertifiziertes Papier.

FEEDBACK

Wir nehmen uns Kritik zu Herzen
und sehen Fehler als Chance.

GEPRÜFTE QUALITÄT

Wir achten auf sachlich korrekte und gut recherchierte Inhalte.

WERTSCHÄTZUNG

Wir setzen auf faire Vergütung unserer AutorInnen.

LANGFRISTIGE PARTNERSCHAFTEN

Vertrauen und Kommunikation auf Augenhöhe sind die Grundsteine unserer Zusammenarbeit.

ÜBERZEUGEN SIE SICH SELBST.

Liebe Leserinnen und Leser,

wir freuen uns, dass Sie unser Buch in den Händen halten. Ihre Meinung ist uns sehr wichtig und von entscheidender Bedeutung für die Weiterentwicklung unserer Arbeit. Dabei hilft uns Ihr Feedback. Sagen Sie uns, was Sie bewegt und was Sie sich wünschen.

Vielen Dank für Ihre Unterstützung!

Erfahren Sie mehr über unser Qualitätsversprechen:
www.lv-buch.de/qualitaetsversprechen

Schicken Sie Ihr Feedback an
buch@lv.de